Épitre

A BARTHÉLEMY

SUR LE JUSTE-MILIEU,

PAR T. DEYEUX.

Quid immerentes hospites vexas, canis,
Ignavus adversùm lupos?

HOR.

PARIS.

PAULIN, LIBRAIRE,

PLACE DE LA BOURSE.

1832.

PARIS.—IMPRIMERIE DE POUSSIN,
RUE DE LA TABLETTERIE, N. 9.

ÉPITRE

A BARTHÉLEMY

SUR LE JUSTE MILIEU.

PARIS.—IMPRIMERIE DE BÉTHUNE,
rue Palatine, n° 5.

ÉPITRE

A BARTHÉLEMY

SUR LE JUSTE MILIEU,

Par T. DEYEUX.

PARIS.

CHEZ PAULIN, LIBRAIRE,

PLACE DE LA BOURSE.

1832.

ÉPITRE

A BARTHÉLEMY

SUR LE JUSTE-MILIEU.

Quid immerentes hospites vexas, canis,
Ignavus adversùm lupos?
         Hor...

Aristarque éloquent, moderne Juvénal,

Dont la muse naquit au rivage infernal,

Sous un ciel embrasé le tonnerre qui gronde

Brise en tes doigts de fer ta redoutable fronde

1

Pégase est renversé du choc impétueux;

Un horrible serpent qui siffle dans les cieux

En son aveugle essor renversant Uranie,

Parmi des tourbillons vomit la calomnie,

Qui, perçant de ses cris les échos en tout lieu,

Porte sa torche ardente à l'horizon en feu,

Des volcans sulfureux soulève la poussière

Et couvre de bitume un brillant caractère.

Loin des lieux infectés que noircit le tison,

Près du flambeau mourant de la pâle raison,

Marchons : là j'oserai, si sa clarté m'inspire,

D'un funeste transport accuser ton délire.

Apprends-moi de quel droit ton imprudente main

Tourne et suspend sur tous l'anathème inhumain;

Reçois, sans le plonger dans les vapeurs du doute,

Les plaintes d'un passant insulté sur ta route.

Il accourt oppressé : pour ses poumons français,

L'air chargé d'un soupçon est un air trop épais.

Je t'en conjure, dis, parle, proclame, tonne !

Quel est celui de nous que l'honneur abandonne ?

Enfonce dans sa chair un fer rouge et vengeur,

Fais à son front sans vie abdiquer sa rougeur.

Eteins dans ses lambeaux, rongés par les vipères,

Le reflet infamant qu'il répand sur ses frères,

Et le pied sur son corps, prouve à tout l'univers

Que tu n'admis jamais un mensonge en tes vers :

Devant la liberté traduis sa forfaiture :

Ou j'imprime à tes vers le sceau de l'imposture.

Si tu fuis désormais devant la vérité,

J'attache au pilori ton immortalité !

Du Parnasse, Apollon te jetterait ses plumes,

Et Vulcain dans l'Étna tremperait tes enclumes,

Que tu me verrais seul au terrible poteau,

Arrachant d'une main les clous sous ton marteau,

Changer en tabouret l'appareil ridicule,

Où tes doigts rougiraient bientôt sous ma férule;

Peut-être on entendra sous le chaume et sous l'or

Retentir de douleur tes poumons de Stentor!

Dans nos rangs, autrefois glorieux de ta gloire,

Laisse et sans la ternir ta gigantesque histoire.

Tu nous quittes; adieu, que ton départ soit beau,

Un poignard ne saurait rester sous ton manteau.

Le deuil est parmi nous, adieu donc, je te pleure;

Si je l'osais encor, je te dirais demeure ;

Mais, si ton œil en feu se refuse à nous voir,

Appelle le bon sens au secours du pouvoir.

Pour nous répondre enfin que le bon sens l'assiste,

Est-on républicain si l'on n'est pas carliste !

Eh ! sur quel parchemin , Barthe et Montalivet,

Osent-ils délivrer un semblable brevet.

Ces magiques terreurs qui troublent tes idées ,

De ton six juin obscur sont-elles donc datées !

Mères, filles, bourgeois et soldats généreux,

N'ont-ils, avant ce jour, jamais ému tes yeux,

Lorsqu'en roulant sur nous la royale mitraille,

Fit jaillir et marcher tout un peuple en bataille?

Plus tard, quelques enfants dotés d'un noble cœur,

Se révoltent, poussés par la sainte fureur :

Sur vingt adolescents forts de leurs caractères,

Soult lance en jurant ses foudres militaires;

Et voilà que, chargés d'opprobre et de mépris,

Les libéraux en masse à la fois sont flétris;

Quel pauvre Automédon conduit ce pauvre Achille

Dans un chemin glissant quand la route est facile?

Explorons le terrain, interrogeons les lieux,

Ouvre à tes souvenirs ton oreille et tes yeux,

Et sans illusion comme sans métaphore,

Accorde un seul regard aux maux que je déplore.

Sans être l'ennemi ni le flatteur d'un roi,

Carliste ni Brutus, ne peut-on être soi?

N'est-il plus à vos yeux que des fauteurs en France,

Je n'ai qu'un seul complice, et c'est ma conscience?

Là, pour moi, se déclare ou la guerre ou la paix;

Aimerai-je quelqu'un parce que je vous hais !

J'aime le roi Philippe et non sa politique :

Fi du juste-milieu, je crains la république!

Mais on feint de ne voir dans tous les libéraux

Que des républicains, des méchants ou des sots.

Mon indignation jetant son étincelle,

Me pousse aux imposteurs pour crier : j'en appelle!

Avons-nous donc tous fait la montre et le mouchoir

Dans l'émeute qui sert de prétexte au pouvoir ?

Ouvrons sous le soleil un champ de polémique :

On nous vient au tympan hurler la république;

Quelle hypothèse enfin veut que les libéraux,

Amants de la lumière, adorent le chaos?

Ainsi, contre mon gré, contre mon espérance,

Dans un sentier fatal, choisi de préférence,

A travers cent périls on conduira le roi,

Et si le char renverse, on m'en accuse, moi !

Après avoir gémi, s'il m'arrive d'en rire,

Mon crime déjà grand, le délit sera pire !

Mille sergents iront crier sur le chemin

En me marquant du doigt, il est républicain !

Qui? Moi, je le serais, si je voyais paraître

Parmi tous ces Brutus que tu nous peins en maître,

De modernes Atlas, des Hercules nouveaux

Qui feraient leur préface avec douze travaux ;

Si tous les candidats offraient ce caractère

Le chambellan demain s'enfuirait mousquetaire ;

Mais quand la république au char du vrai bonheur

Pourrait sous des lauriers lever un front vainqueur,

Le coche une heure après, enfoncé dans la boue,

Aurait mille bâtons en travers de sa roue,

Engravée à jamais en de profonds sillons.

Que vois-je autour de lui? de jeunes papillons

Que l'odeur du laurier attire à ses écorces;

Autant que des désirs, que n'ont-ils donc des forces !

Au char de la Vénus attelez des oiseaux ;

La volupté s'envole avec les tourtereaux ;

Mais celui de Phébus qui gouverne la terre

Sans ses huit étalons resterait en arrière.

Où sont-ils, où sont-ils, ces fiers républicains

Dont Cologne ce soir a parfumé les mains ?

Des Laïs sur leur sein ils portent les guirlandes,

L'amour à leurs cadrans attacha des légendes.

A peine un filet d'or qui s'agraffe autour d'eux,

Ramène un microscope au secours de leurs yeux ;

Et pour administrer leur blonde chevelure,

Michalon des deux pieds s'est foulé la jointure,

Mais leur courage est noble, il ne faillit jamais;

Ils sont braves!... eh bien, ne sont-ils pas Français?

Tel est du moins, je crois, tel est bien le cortége,

Au nom duquel encor la terreur vous assiége;

Cent frelons en fureur bourdonnant dans le ciel,

Feront-ils le procès de la ruche et du miel?

Quelle erreur peut dicter un tel absolutisme?

Barthélemy commet un affreux barbarisme,

Quand il n'accorde pas deux de ses vers si beaux

A l'honneur ferme et pur, temple des libéraux,

Qu'en dépit des clameurs la loyauté décore.

Il est une autre erreur que mon âme déplore,

Tu viens de l'avouer, j'en doute encore un peu,

Tu grossis le parti de ce JUSTE-MILIEU !

Toi! cet esprit si beau! Barthélemy, cumule

Avec le plus grand nom, le plus grand ridicule.

Juste-milieu, de quoi? du rédacteur Bertin?

La cour du roi Pétau se tient-elle à Pantin?

Qu'on nage bien ou mal, en un mot, quand on nage,

Le seul but à toucher n'est-il pas un rivage?

Et je tiens tout système alors pour essayé,

Reste au milieu du lac et tu seras noyé.

Quel pilote insensé jette l'ancre et s'arrête

Pour se faire à plaisir battre par la tempête!

   Du temple de l'Amour, des Grâces, du Plaisir,

Soit le juste milieu, l'objet de ton désir,

Reste, si tu le peux, dans le milieu des roses;

Demeure en ton jardin, si les fleurs sont écloses.

Au beau milieu, crois-moi, de ce vaste univers,

Tu trouverais ton nom, ta patrie et tes vers.

Pour contempler un site, un volcan, un orage,

On s'assied sur un tertre, on s'arrête en voyage:

La nature est si belle en tout temps, en tout lieu,

Qu'on s'en trouve éloigné, même au juste milieu.

Mais comment, c'est au sein des civiles discordes,

Où tant de cris plaintifs font vibrer tant de cordes;

C'est quand on se reproche, avec ou sans raison,

L'un sa témérité, l'autre sa trahison;

C'est à l'heure où l'un dit: téméraire, sans doute!

Mais ma témérité vous a frayé la route!

C'est quand l'autre répond derrière un bouclier,

Impassible témoin qui vous laisse crier :

« Votre extrême valeur fit mon pouvoir extrême,

» Et c'est modérément qu'aujourd'hui je vous aime. »

Voilà pour mon esprit et son diapason,

Le milieu de l'opprobre et de la trahison.

Et toi géant, paré de semblables guenilles,

Oseras-tu combattre armé de leurs béquilles?

Le six juin de son choc ébranla ta vertu?

Mais si rien n'est changé, pourquoi changerais-tu?

Quand je te vois pourvu d'un esprit qui tolère,

Mon privilége est-il d'encourir la colère,

Et me répondras-tu par ce banal refrain,

En respirant du chlore, il est républicain!

Un tel républicain, fort de sa politique,

La traduit en français par la chose publique :

Alors il dit au roi, sans détourner les yeux,

Eh soyez-le vous-même et vous en vaudrez mieux.

Celui qui vous nomma n'était pas si farouche,

Et vous l'avez seigneur, baisé de votre bouche.

Mais, rien n'est, selon moi, le milieu du néant;

Rien n'est rien, tout est tout, voilà mon sentiment.

Le milieu doit toujours partager quelque chose;

Dans le milieu de rien, rien sur rien ne repose :

Soyez Français et francs, ne nous comprimez plus,

Toujours les électeurs survivront aux élus.

Quel que soit le nectar dont le pouvoir s'enivre,

Sans doute il faut régner, mais peut-être il faut vivre.

Quels sont les fiers Rolands de ce juste-milieu,

Des moribonds penchés en travers de leur feu;

Des Midas, des Crésus, la race inamovible,

Qui perdrait vingt écus dans la lutte possible;

Héros, pour qui l'honneur n'est rien sans le profit,

Qui pour borner le monde ont leur table et leur lit;

Des flatteurs sans amour, adorateurs d'images,

Dont la main caressante aime à palper ses gages.

Leur nom sur un hôtel adjoint au numéro

Forment avec l'arcade un énorme zéro.

De lâches apostats, lécheurs de dynasties,

Courbant sous tous les rois leurs têtes converties;

Pareils à ces pantins qu'on voit sous un moteur

Balancer jour et nuit un front approbateur.

A ces Crispins dorés si la gloire t'est chère,

Il fallait t'adresser quand tu criais : arrière,

Ils t'auraient obéi, leur place est aux genoux

De qui fait sonner l'or ou jurer le courroux.

Voilà les tiens, tu vas monter dans leurs guérites;

Tels sont ceux que tu prends, voyons ceux que tu quittes :

Des hommes durs, vrais, forts, chéris de toi long-temps,

Et si tu n'avais dit : tout change avec le temps,

Je ne saurais pourquoi ton bras sur leur épaule

Ne voyagerait pas de l'un à l'autre pôle.

Sur les tables d'airain, quand tu gravais des mots,

Cadencés en des vers qui n'ont point de rivaux,

Quels cœurs vers toi s'étaient élancés tributaires,

Était-ce alors des cœurs de tigres, de sicaires?

Tes chants français pour nous qu'étaient-ils donc pour ceux

Dont tu baises les pieds? des cantiques hébreux.

Qui donc à Némésis attacha des guirlandes?

Qui puisa dans tes vers de sublimes légendes?

Qui donc t'a décerné le sceptre qui t'est dû?

Un poète n'est rien s'il n'est pas entendu!

Quel auditoire en feu répétait ta harangue,

Ceux-là, Barthélemy, dont tu parlais la langue?

Ton noble dithyrambe arrivait à leur cœur

Comme au loin le clairon résonne au champ d'honneur.

Je sais qu'applaudissant, ils ont payé leurs dettes;

Mais si la Renommée oubliait ses trompettes,

Possesseur ignoré d'un immense talent,

L'homme serait le même et son nom différent.

Toi!... ce juste-milieu! permanente agonie,

Qui croit sous la vertu cacher sa félonie!

Quand j'ai vu se heurter les peuples et les rois,

Après cent jours de deuil, qu'on a compté pour trois;

Quand j'ai vu le mépris, la fureur et la haine,

Sous un trône en débris fouler aux pieds leur chaîne :

J'aurais cru qu'en marchant sur un pareil chemin,

On n'en chercherait pas le milieu, mais la fin.

L'expérience est nulle et le mal sans remède;

Mais feindre un grand calcul pour singer Archimède,

Loin de faire à grands coups toute la part du feu,

Et rouler son sopha tout juste au beau milieu!

Ramasser les fragments poudreux d'un diadème,

Et s'en faire un hochet qu'on appelle un système!

Oh! c'est un phénomène et de tous le plus beau!

Non calqué sur l'antique et tout entier nouveau,

Bien digne de rester si long-temps à l'étude.

Toutefois repoussons la noire ingratitude.

Oui, le juste-milieu nous offre un grand bonheur :

Certes, si l'on venait à perdre son auteur,

Quel qu'il soit, il en est deux ou trois que l'on nomme,

On ne perdrait alors que la moitié d'un homme;

Ce serait au milieu de la morte saison,

Et la moitié d'un deuil serait juste en raison.

Si jamais le bourreau dominait la tempête,

Il ne trancherait plus que l'ombre d'une tête.

C'est déjà trop de joindre, en dégradant ce front,

A la moitié d'un coup, la moitié d'un affront.

Tu n'adopteras pas leur lâche frénésie,

Ou tous les Provençaux iront vivre en Russie.

Mais nouveau Guliver, si l'enfer t'y forçait,

Mets donc de ces bambins cent mille en ton gousset:

Mets en cent tombereaux, dans une métaphore,

Quand tu seras baigné va te laver encore;

Et si tu veux jamais recouvrer la santé,

Écrase-les d'un mot, nomme la Liberté!

Toutefois ne dis plus que tes chants retentissent,

Que pour toi les échos de jour, de nuit frémissent:

Que tout tremble, chancelle et tombe sous les coups;

Ne le dis pas toi-même et nous le dirons tous;

Cache toujours le mot qui révèle une aumône :

Un esprit aussi riche annonce un cœur qui donne.

Pourquoi donc demander, si, moi, j'en fais autant?

Que le cœur soit discret, l'esprit est éloquent.

Toutes les voluptés sont filles du mystère,

Et l'homme bienfaisant le premier doit se taire.

Des pieds d'un vers coupable il faut retrancher six

Il pourrait à lui seul couronner Charles dix.

Le voici, tiens! efface et détournons la vue,

« L'arbitraire qui sauve, et non la loi qui tue!! »

Pierre et Paul vont venir ou ce soir ou demain

Inaugurer un buste au son d'un tel refrain.

Votre avenir blafard me glace d'épouvante,

Rien ne répond en France à ma trop juste attente.

Mes amis au hasard sont flétris à la fois!

Dans quel sac ont-ils donc enfoncé leurs dix doigts?

Respecte en eux le feu d'une âme vive et tendre;

Qui de la tienne au moins prétend ne rien attendre.

Le pouvoir de Juillet a-t-il donc, sur l'honneur,

Un écu dans ses mains qui ne soit pas le leur?

Dis-nous si par instinct les hommes que tu laves

Courtisent des poltrons et repoussent des braves.

Vous osez, pour un czar, moins grand que ses états,

Devant quelques préfets au rang des potentats,

A vos amis d'hier imposer le silence :

Vous avez dit Russie, et nous avons dit France;

Vous comptez sur vos doigts les chances du combat;

Mais quand l'honneur l'ordonne, en France l'on se bat.

Oui, ton juste-milieu, dans son apostasie,

Immola tout JUILLET aux peurs de la Russie.

Accourez, casque en tête et la lance en arrêt,

La France est là, messieurs, si le roi n'est pas prêt.

Le prestige n'est plus; sans doute le prestige

En peu d'heures toujours est fané sur sa tige.

L'amour aussi vit peu; mais l'estime après lui

Du peuple aurait scellé l'impérissable appui.

Telle est la foi qui reste au plus ardent apôtre,

Que la crainte pour l'un fait le penchant vers l'autre;

L'optimiste, c'est toi! mon cœur est sous tes yeux.

Libre à toi d'applaudir; je m'attendais à mieux.

Suis-je un fou? libre à toi de plaindre mon délire;

Devant vos opéras le voile se déchire

Mais vous avez pour vous cette majorité;

Ce drapeau triomphal dans les airs agité,

Cet éclatant bravo dont le poids politique

Lance pour argument sa valeur numérique;

Bill de tout ministère et piédestal des rois.

C'est un bel instrument que celui de la voix!

Vous la voulez flexible, et moi je la préfère

Sans art et sans apprêt quand elle est juste et claire.

Delavigne a bien dit dans un vers trop cité :

« Les sots, depuis Adam, sont en majorité. »

Il a droit de conclure au moment où j'expose,

Loin de son noble essor, j'approfondis la chose.

Il faut, puisqu'il le faut, toujours au plus nombreux

Accorder deux grands prix pour le tact et les yeux,

En politique au moins; car dans la poésie

Un semblable aphorisme est plus qu'une hérésie,

Tous tes lecteurs charmés, ici je le soutiens,

Ne font jamais des vers aussi beaux que les tiens

En politique alors; car tu vois qu'au théâtre

Les trois quarts des témoins restent moulés en plâtre.

Chez les quarante enfin, telle immortalité

Ferait fort peu d'honneur à la majorité :

Qu'est-il donc, en un mot, ce majeur privilége

Sinon le résultat du pouvoir qui l'assiège?

Combien de députés comptons-nous à la fois

Dont la boule d'ébène et d'albâtre, en trois mois,

Fit la majorité qu'on proclame à toute heure?

Mais la séduction n'est pas ici mineure!

Plus d'un juge à l'écart s'écrie avec dédain :

C'est la majorité du sultan Saladin!

Et range sympathie! avec ou sans costumes,

Des pays si distants ont les même coutumes;

Si vous avez deux yeux, pourquoi ne pas le voir?

Ici c'est le ruban, là bas c'est le mouchoir.

Votre majorité, c'est, l'honneur en murmure,

Un enfant que Plutus a fait à l'imposture.

Que si plus loin je vais dans l'immense univers,

Parfois errer sans but à tort comme à travers,

Pour ses vers ou sa prose on voit qu'un petit nombre

A cent mille nigauds fait peur avec son ombre;

Qu'autant de braves gens qui lorgnent les DÉBATS

Se laisseraient par dix découdre les rabats;

Je vois presqu'à midi sur les routes de France

Deux garçons détrousser toute une diligence.

Votre majorité, cette reine des lois,

Sans chaleur ni vertu, serait bientôt sans voix;

Que l'honneur à jamais lui prête son égide,

Que l'usage triomphe et le chiffre décide;

Le nombre et la valeur ne vont jamais au pas,

Hélas! servez-vous en, ne vous en vantez pas.

L'ambition, dis-tu, déshonore nos titres;

Mais quand on voit, chargés de faveurs et de mîtres,

Des gens d'une autre époque et qui n'en ont aucun,

Pourquoi, si j'en ai vingt, ne m'en pas compter un?

Je suis l'ambitieux, cet aveu peu sincère

Réclame pour moi seul ta superbe colère;

Quel mal y trouves-tu? tu t'en plains, et pourquoi?

Un autre vaut-il mieux qu'un homme tel que moi?

J'ai des mains de l'Empire, en veux-tu de plus neuves?

Que me reproches-tu? d'avoir fourni mes preuves.

J'ai prouvé, dira-t-on, ma haine pour les rois;

Nullement : j'ai prouvé mon amour pour les lois.

Vive la loi qui sauve, à bas la loi qui tue

Par nos mains relevée, aussitôt qu'abattue,

La charte est violée en un jour solennel,

Où moi je suis le sage, un autre est criminel.

Que de feux du six juin sont des feux d'artifice!

Que tous les trébuchets rentrent dans la police!

Qu'on règne prisonnier sur le trône des lois !

Les Français sont légers, mais constans à la fois!

   Ils ont un œil fixé sur l'aristocratie,

Qu'avec tant de bonté ton salut remercie.

Nul ne me traîne encore à la messe à genoux:

Oh! c'est vrai, j'en conviens, qui le pourrait, dis-nous?

Des grands qui sont petits, la taille me fait rire,

Quand j'entends grasseyer le comte de l'Empire,

Qui, malgré ses efforts, double encor moins Fleuri

Que le gros Dugazon, ce bourgeois dont j'ai ri.

Un général marquis déserte nos annales :

Tes lauriers en blasons sont des cyprès bien pâles.

Ah! soyez, nos seigneurs, nobles, si vous pouvez,

Mais pour des bateleurs nous en avons assez.

Quels sont ces raffinés attaqués de noblesse ,

Dont j'admirais hier l'invincible rudesse ?

Qui. par reconnaissance, encor sur le tillac ,

Devraient sentir toujours la poudre et le tabac

Sans me souffler au nez, brandissant la cravache ,

La pâte du sérail qui ternit leur moustache.

Noble, il était ce front noir et cicatrisé !

La vanité le farde, et l'erreur l'a frisé.

Se peut-il qu'à dessein leur voix tendre et débile

Rivalise Isambert qui flûte un vaudeville ?

Eh ! qui sait dans cet ordre, en comptant tous les sots,

Si les anciens le sont bien plus que les nouveaux.

« Quand ces hauts incidents se jettent dans l'histoire ,

« Hélas ! tout ici bas, pour l'homme est transitoire ! »

C'est là , qu'en leur vrai jour, ils feraient un tableau,

Ces vers sous ton burin tombés de ton cerveau.

« Quoi! dans ce tourbillon qui dévore les âges,

« Dissolvant nos vertus, nos mœurs et nos usages,

« Dans cet immense crible où roulent balottés

« Nos chartes, nos états, nos lois, nos libertés,

« Un être à cerveau faible, à caduque poitrine,

« Un atôme orgueilleux, ferait une doctrine.

« Et la fixant du doigt à l'éternel compas,

« Verrait changer le monde et ne changerait pas! »

C'est au noble musqué dont l'orgueil est étrange,

Qu'il faut dire et redire, et puis répéter : change !

Et ce n'est pas à ceux qui de jour et de nuit

Sages font la besogne, et ne font pas le bruit.

Toutefois le pédant d'esprit inamovible

Me paraît comme à toi, ridicule et risible.

Il faut suivre son siècle, et, sans fermer les yeux,

On change; on est content, affligé, jeune, vieux.

Au moral thermomètre on avance, on recule ;

Mais plus je la comprends, et plus la thèse est nulle.

Pourquoi tout royaliste à tout républicain

Un jour ou l'autre, alors, ne prendrait-il la main?

Je ne suis pas des leurs, ma franchise est entière ;

Mais, si vous les jetez ce soir dans la rivière,

Et qu'un doux changement désarmant vos esprits,

Rapproche vos discours des mots qu'ils auront dits :

Je vois que dans six mois, il faudra qu'on propose

Quelques ambassadeurs pour la métempsycose.

Mais, oui, la terre tourne ! et l'équilibre aussi,

Encor hier là bas, aujourd'hui vient ici.

Le juste-milieu seul, privilége céleste,

Demeure inébranlable, on voit changer le reste.

Et d'où vient donc encor que tout républicain

Ne pourrait reculer, ni le pied ni la main ?

Il ne se peut ; qu'il marche encor moins qu'il s'arrête.

La raison n'admet donc que toi pour interprète ?

Pourquoi, s'il va trop loin, reculant plein d'effroi,

Ne fera-t-il pas lui, ce que tu fais bien, toi !

« S'arrêter ! savent-ils que nulle force humaine

« Vers le point du départ jamais ne nous ramène ?

« Que les pieds les plus forts, sont toujours arrêtés

« Par l'incessante voix qui leur a dit : marchez. »

Ne t'a-t-il pas suffi dans ta course intrépide,

D'un seul coup de patin, pour t'arrêter rapide ?

Aphorismes sans force et dictons superflus !

Tes deux pieds étaient forts et tu ne marches plus.

Quel est donc ce discours, ou cette erreur ? dirai-je,

Dans quel ciel aurais-tu ravi ton privilége ?

C'est ici que se perd ton esprit en défaut !

Quand le peuple a pour trône adopté l'échafaud !!!

O blasphème insensé ! va, du Louvre aux banlieues,

Lui, le peuple français, il en est à cent lieues.

Si tout change, oh ! les temps ont bien changé son cœur,

Le peuple n'a pour trône adopté que l'honneur.

Est-ce donc aujourd'hui, dans le sang qu'il se baigne ?

Ce n'est que dans les pleurs ; tu le crains, qu'il te plaigne.

Je te l'ai dit trois fois, du cœur et de la main,

Je ne suis point carliste, et point républicain.

Ma franche opinion veut donc que je te crie :

Assez de la raison, trop de la calomnie !

Définissons leur mal, rare et sublime excès :

Tous les républicains ont le cœur trop français.

Va si de leur trop plein ils dotaient le plus sage ;

Chacun aurait du moins un cœur pour son usage.

Et si tous les Nestors qui donnent de la voix,

Cédaient de leur vertu l'épaisseur de deux doigts,

L'un aurait plus d'amour, l'autre moins de furie,

Et tous deux seraient fiers d'avoir une patrie.

Mais, si l'un est trop lourd , et l'autre trop léger,

Saluons le pouvoir qui comprend ce danger.

Sans qu'à vous résister mon esprit se fatigue,

Je comprends le torrent, je comprendrai la digue.

Qu'un gouvernement fort pour le peuple et les rois,

Applaudi par les vœux, appuyé sur les lois,

Hérissé jour et nuit de mesures sévères,

Ouvre à notre salut ses ailes tutélaires ;

San svenir, foudroyant ceux qui l'ont décrété,

Le poing rouge de sang flétrir la liberté;

Déclamateur tragique, escorté par des ruses,

S'étayer de nos torts pour forger ses excuses,

Et dire, immolant ceux qui furent son appui :

Ils nous tûraient demain, tuons-les aujourd'hui !

Ah! si telle est, hélas! l'histoire et non la fable,

Où donc est l'innocent, où donc est le coupable?

   On me crie : A plaisir, vous en venez jaser;

Faut-il donc par des fous se laisser écraser?

Quel procès plaidez-vous, et quelle cause horrible!

Votre cœur nous paraît cruellement sensible !

Écoutez : quand le peuple arrête un malfaiteur,

Vous tremblez que la mort n'improvise un malheur;

Vous vous précipitez au-devant d'un massacre,

Dès qu'un flot populaire en fait le simulacre.

A la guerre, et souvent pour atteindre un grand but,

Forcer une redoute, enclouer un affût;

De soldats résolus, un, deux, trois, quatre mille,

Commandés par l'honneur, sacrifice immobile,

Tombent! Des citoyens révoltés contre vous

Seront-ils massacrés quand vous les croyez fous.

En opposition avec votre système,

Pourquoi donc déployer cette rigueur extrême ?

Honneur, honneur français demeure au premier rang,

Dans ton propre berceau dois-tu verser du sang?

Abandonne au licteur le châtiment des crimes.

Il te faut des vaincus et non pas des victimes.

Déplorable fureur, funeste exception !

Ah! comme l'ennemi, traiter la nation!

D'escadrons tout entiers, oui, je vous le répète,

Vous faites écraser jusqu'au dernier trompette,

L'arme au bras, le cœur froid et l'œil indifférent,

Pour attendre un renfort pour gagner un moment.

Et...... Détournons les yeux de vos efforts contraires ;

Mais.... fait-on pour autrui ce qu'on fait pour des frères?

La clémence enhardit, et n'est plus de saison ?

Crime pour crime? eh bien! tout le monde a raison.

  Mais nous n'avons rien dit de ce fameux voyage

Que devers le Danube entreprit ton courage.

Quel degré marquait donc le tube le meilleur,

Au quai des morfondus, du grand ingénieur,

Monsieur de la Palisse aurait pu te l'apprendre.

La pierre de Saint-Leu commençait à se fendre ;

Précurseurs des autans, j'avais vu trois canards

« Sur l'autel Rivoli dont tu bats les remparts.

Que n'ai-je su plus tôt la terrible nouvelle!

Car véritablement il fait froid quand il gèle.

A ta place, en passant, j'aurais, chez un curé,

Pris dans une augustine un peu de feu sacré :

Mais qui sait tout prévoir? Et puis, dans tes sacoches,

Nas-tu pas des serpents, le diable dans tes poches?

Remets-toi. Le savant, qui n'est jamais trompeur,

Fera du sentiment bientôt à la vapeur :

C'est alors qu'en Autriche aussi bien qu'en Norvége,

L'ombre du dévoûment fera fondre la neige ;

Tu te verras contraint d'avoir pour lavabo

« L'Horatius Coclès de l'île de Lobau. »

Et quand ton cœur ira, rempli de prévoyance,

En des climats lointains porter sa révérence,

Loin d'arriver mouillé, froid, humide, ou transi,

Il sentira plutôt tant soit peu le roussi.

Quittons le ton plaisant ; ton hiver m'a fait rire.

Toi, couvert de la robe offerte à Déjanire !

Comment pouvais-tu mettre au nombre de tes droits

De prendre nos soupirs pour souffler dans tes doigts !

Concluons sur le tout : Si, méditant le code,

Quelqu'illustre captif, traité comme antipode,

Érige un tribunal au fond de sa prison,

Où puisse entre vous deux décider la raison,

Ne vous dira-t-il pas : « Mon front et votre tête

« Sont au même rocher battus par la tempête

« Votre horizon se trouble où le mien s'est troublé;

« Vos deux pieds sont tremblants où les miens ont tremblé.

« Je vois exclus par vous ceux-là tous à la lettre,

« Que toujours près de moi j'ai refusé d'admettre.

« La foudre avait grondé, la foudre gronde aussi,

« Et que faites-vous là, si moi je suis ici.

« Si je suis innocent, ouvrez-moi cette porte,

« Ou partagez le pain que le geôlier m'apporte. »

Que veut la masse enfin? que veut la nation?

Qu'on ne gouverne pas contre l'opinion.

Si pour votre malheur des gens n'en ont aucune,

Ne comptez sur ceux-là dans aucune fortune.

Ou de haine, ou d'amour, cherchez un sentiment ;

Tous les cœurs qui sont froids le sont parfaitement.

Dans sa fatale erreur souvent plus d'une tête

S'élance avec l'espoir de trouver la tempête?

Ce reproche est absurde, il le faut abréger;

La nature fit l'homme ennemi du danger.

Et qui l'empêcherait, s'il en était avide,

De trouver le trépas dans sa rage homicide !

Mais l'amour du pays, gloire du sol natal,

Ne le croyez jamais funeste ni fatal.

Enfin, moins effrayé d'un sublime délire ,

Ne flétrissez jamais le transport qui l'inspire.

Et tel gouvernement qui s'en plaint aujourd'hui,

Encor bien qu'il soit peu, ne serait rien sans lui.

Finissons : un seul mot sur les GRANDES JOURNÉES.

Par les vainqueurs en deuil aujourd'hui condamnées,

Je crois que ta valeur y conquit son drapeau ;

Mais ses couleurs aussi vont bien à mon chapeau.

Peut-être est-il des gens qui, fiers d'une équipée,

Font à tout débarqué miroir de leur épée.

Crois qu'il en est aussi qui, plus silencieux,

Ont, sans fuir le péril, évité tous les yeux.

Crois, qu'il en est aussi qui, du fond de l'abîme,

Remontés pour gémir, ont conquis ton estime.

Avant-garde oubliée, en des jours compromis

Sans honte et sans pudeur par ces tristes amis

Qui, dès le lendemain, tous drapés à l'antique,

Escomptaient la victoire au bureau monarchique,

Criant : « Roi, fuis, redoute, écarte ces gens-là !

« Ils t'en feraient autant qu'à Charles dix ! » Voilà

D'un seul mot en français, voilà toute l'histoire

Dont j'aurai quelque peine à perdre la mémoire.

Qu'êtes vous? des ingrats, d'infâmes déserteurs;

Que sont les libéraux? Ils sont vos bienfaiteurs.

Que loin de notre camp la honte vous unisse,

La pitié vous absout, le bon Dieu vous bénisse,

Et que son huile sainte et que son chrème doux,

Du haut de ses bontés se répandent sur vous;

Quel que soit le miracle émané de sa grâce,

Vous ne pourrez jamais nous regarder en face.

L'homme au cœur pur, le seul qui soit religieux,

Quand son fer est brisé se venge avec ses yeux,

Lorsqu'il daigne, infidèle à son indifférence,

D'un seul de ses regards accorder l'éloquence

A ces fourbes obtus dont l'esprit concentré,

Dans ses propres filets s'entortille empêtré;

Eunuques amoureux qui rêvent la puissance,

-Leur lascive impudeur veut renverser la France.

La France! que saisit la honteuse pâleur

De ces cœurs sans élans, de ces fronts sans couleur!

Qu'il est beau de te voir dans ta force athlétique

Redresser ton gisquet pour garder le portique

Du temple de Baal. La trahison sourit

Ent' ouvrant ses battants à toi qui les flétrit;

Je ne frappe jamais un ennemi par terre,

Et puisque je te vois le front dans leur poussière

Sur le sort d'un poète illustre je gémis.

Mais je dis à tes chefs : stupides ennemis!

Vous voulez vaincre, eh bien! paladins sans courage,

Tout va fuir devant vous, montrez votre visage,

Levez le masque empreint de cet air de bonté,

Qui somme les esprits de par la loyauté;

Montrez-vous une fois, épargnez-vous la ruse,

Et vous remplacerez la tête de Méduse.

Les hommes à vos pieds roulent épouvantés,

Les Français ne sont plus, tout meurt, et vous chantez!

Lisons après les temps qui passent sur la gloire,

Ce grand événement raconté par l'histoire.

Un peuple, dira-t-elle, était grand, généreux,

Sa raison l'éclairait en des jours ténébreux;

Noble dans ses revers, sa stoïque souffrance

N'exhalait qu'un soupir, ce soupir était France!

Un nouveau roi, trompé par les mêmes valets

Qui, sur tous les tapis vont rouler leurs palets,

Laissa guider ses pas sur les bords de l'ornière

Dont le sang et les pleurs avaient trempé la terre.

A travers les brouillards d'un ciel noir et chargé,

Un seul cri s'élevait! « Hélas rien n'est changé!

« Ne trompez pas le peuple, alors il est terrible;

« C'est lors qu'il est vaincu qu'il se lève invincible.

N'allez pas.... » C'est envain! malheur trop mérité,

Le seul paratonnerre était la liberté !

Sur le dernier des rois, le dernier des orages

Fut sur le globe en feu décrété par les âges ;

La mort grava ces mots sous la foudre en éclats :

C'EST LA FATALITÉ QUI RÉGIT LES ÉTATS !!!

Envain le Luxembourg conserva l'espérance

D'opposer aux destins sa posthume existence ;

Il s'arma vainement de cet antique orgueil,

Cadavre tant de fois remonté du cercueil.

Tout fut anéanti sous les voûtes du Dôme :

Le Dieu de vérité se vengea sur Sodome;

L'imposture en pleurant rencontra le trépas,

Le peuple survécut : il saigne; il ne meurt pas!

Mais la planche et l'acteur et le fard et le plâtre

Dont on avait hier recrépi le théâtre ;

Les chœurs les instruments et tous les Amphions,

Chanteurs en ré mi fa , du droit des nations,

Roulèrent confondus , un vent sorti du Tibre,

Creusa dans leurs débris l'écho d'un peuple libre !

Deyeux.

PARIS.—IMPRIMERIE DE POUSSIN,
RUE DE LA TABLETTERIE, N. 9.